경남대표시인선
58

징검다리가 되어

김병수 시집

도서
출판 **경남**

Kim Byung-soo Poetry

소련실의 꽃

소련실 뜰에
뭇 꽃들이 피어나면
청할 이 이웃하여
더러 반겨 맞으오리

자연마저 시샘할
다담茶談하는 자락恣樂의 시간에
아미 숙인 홍매도 향기를 더하여
수줍은 듯 눈웃음치지만

아무려면
꽃인들 오다지 이쁘랴
임의 볼우물에 고이는
무한한 기쁨 준음이 았다네.

素蓮室 : 舍利恩 올인화가의 茶室

서
문

마음에 닿는

시의 꽃을 피우기 위해

꿈속을 헤맨 산실이

헛된 거품이 아니었으면 하는 바람 속에

네 번째로 펴낸 시집이

서정의 메아리가 되면 좋겠다.

2024년 10월
불매선원에서 김병수 삼가 올림

차례

시문　　　　　　　　　　　5

제1부 도구통

징검다리가 되어　　　　　14
연분　　　　　　　　　　15
다리　　　　　　　　　　16
매미　　　　　　　　　　17
입　　　　　　　　　　　18
지도리　　　　　　　　　19
아뿔싸　　　　　　　　　20
귀뚜리　　　　　　　　　21
멍에　　　　　　　　　　22
주름의 강　　　　　　　 23
부지깽이　　　　　　　　24
타령이구나　　　　　　　25
마른 멸치를 보며　　　　 26
풍경風磬 소리　　　　　　28
팥죽　　　　　　　　　　29
도구통　　　　　　　　　30
나의 스무 살 시절　　　　32

고락苦樂	34
모탕	35
결혼살이	36
삶의 이유	37
봄의 향연	38
소련실의 꽃	39
일급 독자	40
분신	41
기다림	42
유혹	43

제2부 채이질을 하며

지팡이	46
푸른 낙엽	47
그때는	48
미리내는 가람을 이루고	49
살다 보면	50

어쩌다가	51
아무 생각 없던 날에	52
채이질을 하며	53
포기는 없다	54
삶의 끝에서	55
관솔	56
곶감	57
왜가리	58
배관기拜觀記	59
가래질	60
비의 애가	62
위정자	64
인생받이	65
푸념	66
신은 아시나요	67
짐	68
들무새로 살다	69
문답問答	70

노심老心   71

길목   72

저녁놀을 외면하다   73

오가던 길   74

제3부 소금素金꽃

아침에 핀 옥잠화   76

소금素金꽃   77

봄은 아직 남았는데   78

꿈속을 헤매다 깨면   79

터전   80

금낭화   81

바람 빛   82

햇차를 마시며   83

한살이   84

철쭉을 보며   85

어느 가을날에   86

맨드라미	87
매화석을 곁에 두고	88
복수초	90
객꾼	91
그네 뛰는 여인	92
운수 터진 날	93
감기	94
어떤 풍경	95
접시꽃	96
백합	97
초춘종招春鐘	98
닮아가기	99
백련	100
퇴고 그 후	101
짓거리	102
글지이의 푸념	104

제4부 마산의 달

백이산에 올라	106
말이산을 오르며	107
모자섬	108
용추폭포龍湫瀑布	109
울돌목에서 이락사까지	110
탄피	112
만휴정에서	114
자연의 뼈	116
산	118
보리암에서	119
일주문을 지나며	120
섬	121
당산제堂山祭	122
적벽赤壁은 말이 없다	123
소쇄원에서	124
계승사桂承寺에서	125
서북산의 메아리 · 2	126

거제 사람아	128
고성 아지매	130
각자刻字는 색즉시공色即是空이다	131
진중의 유언	132
서각 작품 앞에서	134
처서 무렵	136
진주에 가면	137
쌍무지개 뜨는 집	138
개떡	140
마산의 달	142

《징검다리가 되어》 – 시집 발간 소회	144

제
1
부

도구통

징검다리가 되어

누구는
누구를 등에 업고
발 시린 개울을 건넜다

가마 타고 시집갈 때도
그땐 그랬었지

이제부터라도
그리움에 닿아 오고플 땐
코 버선 벗지 않아도 좋을
너의 징검다리가 되련다

언제나
변치 않을
임 오시는 그 길에
젖은 몸도 마다 않고.

연 분

천명天命의 연분으로 만나
품고 품어낸 속살의 의미를
누군가는 알고 있다

더운 피 백옥을 물들여
기나긴 기다림의 인고 끝에
행복의 샘이 아물 때면

생살이 돋는 아픔도 제 살인 양
삭여낸 연생緣生의 이름
바로 진주珍珠가 된 당신입니다.

다 리

그대와의 인연을
알게 모르게
누가 놓았나

보이지 않는 정에 끌려
서로 만났으니
전생에 배필配匹이었나 보다

연륜이 쌓일수록
더욱 깊게 굳어만 가버려
소심으로 두드릴 이유 없었다

천작天爵*으로 한생을 건너온
쌍무지개 뜨던 불멸의 다리는
이제 그대와 나의 순항順航 길이라오

* 천작: 하늘에서 받은 벼슬이라는 뜻으로 존경을 받을 만한 선천적
  덕행.

매 미

외로이 울다가
느닷없이 떼창唱을 하는
염천의 악사樂士여

변함없는 곡조는
기쁨도 슬픔도 미움마저도 허락지 않은
익선관을 쓴 늠름한 기질이다

네 나이 일곱 되던 해
긴긴날 이승에 잠시 머물다가
마지막 송가頌歌를 들려주고

야속한 이별 앞에
기약 없이 훨훨 벗고 떠나는
청렴의 표상은 닮아야 할 모습 같잖은가

부지불식간 한생을 마감하며
돌아갈 그 자리에
아직도 마르지 않은 허물만을 남겨두었네.

입

때론
아지랑이같이
때론
서릿발로

착한 말은 내뱉고
악한 말은 삼키는

침묵의 물결선을 그어놓은
세 치 무기의 칼집이다.

지도리

있어야 할 자리에
그대가 없다면
부질없는 거품살인지라

짝지은 이름의
무게로 의지할 때
일심동체란 연분을 맺어갑니다

그지없이
동행해야 할 처지에
같이 만나 따로 죽는 것도
음양의 영원한 길일 터이지만

때론
삐꺽이는 소리도
정답게 들리는 그대 목소리 아닌가요.

아뿔싸

물이 가득 찬
항아리 시울에
범나비 한 마리
살포시 내려앉는다

시르죽은 날갯짓으로
꿈길인 양 맴돌다가
물에 비친 하늘의 유혹에
가련한 몸을 앗겼다

왠지 모를
팔월의 불볕에
아늑거리는 꽃들은
안중에도 없이.

귀뚜리

적막을 밀치며 오는
가을의 전령사

한 계절을 배웅하며
또 한 계절을 맞는 길목에서
귀뚤귀뚤 서곡을 연주한다

이다지 좋고 좋은 일들이
기억에 남을 한 철이었다고
성화를 부리기엔 변변찮은 앞치레다

살아온 길 반추하듯
파르르 떠는 날갯짓에 옷깃 여미며
우리의 인생도 그렇게 울다 가리라.

멍 에

평생토록
목덜미에 걸쳐
목걸인 줄 아는 천치를 보았나

물려주어서는 안 될
유물 같은 설움의 존재는
춘향이 목에 씌운
칼보다 더 무서울 게다

굽은 것에 익숙해져서인지
제 몸 된 듯 심혼을 앗겨
지긋지긋한 세상 벗어나려
안달해본들 무슨 소용 있으련만

묵은 기억의 늪을 건너
영마루에서 돌아보니
피맺혀 굳은 목등은
광배光背처럼 둘렀네.

주름의 강

갸륵하게 살아온 여인
그 얼굴에
유유히 흐르는 장강은
침묵 속에 깊어만 가더이다

골골이 출렁이던 궁핍을
남몰래 재워가며
생손앓이 같은 세월이 몸서리쳐도
참아낸 투정들은 외려 위안의 화음이었잖소

애정이 피던 계절은 가자 하고
신명 나던 젊음마저 이울지니
어느새 삶의 이력이 흑화黑花로 피어
야려지는 마음도 석복惜福인가요

임아,
지난날의 인생사가 반사되는
저 주름진 강에 부부선夫婦船을 노 저어 가다 보면
언젠가는 열락에 닿을 날 있지 않으리오.

부지깽이

나에게 목필木筆이었고
때론 훈육의 채질이었다

불구덩이 같은 세상을
두려워 말고 살라는 계시기도 했다

제 한 몸 태워
숯이 되어도 원망 없는 것처럼
그리 살아본 날 없는 의문 속에
짧아만 가는 인생을 반추한다

너의 근원을 이유로
아낙의 한숨 젖은 부뚜막을 두들기다
흔적 없이 사라져 갈 닮은꼴인가.

타령이구나

복사꽃 아래서 덧없이 지는 꽃비를 맞고
야단법석인 군상을 본다
너울너울 향기 따르는 나비처럼 산다면
갈팡질팡할 겨를도 없을 것을

만해萬海 떠난 청산에서
아직도 "님의 침묵"을 불러야 할 판
죽어가는 나라꼴에
썩은 동아줄이라도 잡고
버텨야 하는 세파가 원망스럽지 않나

제기랄, 되는 것도 없고
안 되는 것도 없는
되모시* 같은 사기판에
정신마저 에넘느레한* 세상을 등지고선
여명이 틀 때를 기다려보지만
지나는 노루마저 힐끔힐끔 비웃음을 던지니
모든 것이 무색한 타령이구나.

*되모시: 이혼하고 다시 처녀 행세를 하는 여자.
*에넘느레한: 종이나 헝겊 따위가 여기저기 늘어져 어수선하다.

마른 멸치를 보며

푸르게 밀려드는 향수를 잃고
눈물겨운 산촌의 밥상머리에
미라로 태어난
이름값이 그 얼마이더냐

은빛을 씹는
내 몸은 돌아가지 못할
그물에 감긴 듯
외려 두려워지는 미래의 갈등에
부질없는 꿈만 꾸다 가려는가

등이 굽은들
옆구리 휘인들 괘념치 않고
그 뼈대를 유지하려는 듯
부릅뜬 눈동자로 노려보는
국산 기골에 까무러진다

보란 듯이 물결 소리를 재우고
회귀할 수 없는 설움에 갇혀
주검인 채 빛을 잃어가는 운명이
열반에 드는 누군가의 꼴이 아니더냐.

풍경風磬 소리

고즈넉한 산사에
바람 다녀간 기미 느끼려
살포시 열린 귀를 의심합니다

까닭 없이 홀로 움은
그 누구의 영혼이라도 달래보려는
깊은 심지心志라 여겨도 될는지요

하염없이 일렁이는 바람길 따라
무시로 번뇌만 지우려는듯
시름 찬 가슴 한켠 외로이 울려줍니다

이제
단청처럼 내 꿈들 창연蒼然히 바래고
허공도 아파할 풍경 소리는 다정불심多情佛心을 왼다.

팥 죽

밤과 낮을 자로 잰 듯
길이가 같다는 야릇한 날

먹기 싫은 나이는
비빈 새알의 유혹에 맡겼다

어머님의 한 마음이 담긴
가마솥 시울에 넘실거리는 노래

복작,
복작,
복작거리는 소리
복 짓는[福作] 일이라고 야단들이네.

도구통

대대로 물려온 도구통*을
한눈에 들어오는 뜰에 앉혀 놓고
드나들며 쓰다듬으니
임 뵈듯 옛 생각이 절로 나게 한다

어릴 적 정월대보름이면
이웃집의 오곡밥을 복조리에 담아와
도구통에 앉아 먹던 못 잊을 기억들은
못난이의 아집 되어 공이처럼 내찧는다

너의 존재는
어쩌면 나의 한살이인지도 몰라
천형天刑이 아니고 천혜天惠였다고
온몸으로 분쇄되는 아픔도 다반사로 여겨
묵묵히 정주한 채 제구실하라 일러줌이런가

손때가 묻어 멈춰버린

세월의 어디쯤에서

소박한 유산으로 대물려 줄 때가 또 오겠지만

추억은 점점 더 젊어오니

아직도 샘솟는 그 시절에 매이나 보다.

*도구통: 절구통의 방언.

나의 스무 살 시절

자갈밭을 일구어
만든 논은 어레미처럼 물이 새었어도
나의 일생에 유일한 옥토였다

풋보리에 허기진 배를 달래며
스무고개 넘기기가
그리도 어려웠던가

청운의 꿈을 안고
서울 갔던 촌놈은
소금 푼 물로 반찬 삼아
피눈물 섞인 밥을 삼켜야 했다

얼마나 울었던지
그날의 일기장엔 푸른 잉크물이 퍼져
내 인생도 멍으로 얼룩지면 어쩌나 싶어
앞날이 깜깜한 어린 시절을 헤맸는데

회상하기 싫은 그래도 약이 된
내 스무 살의 희망 실은 절정에서
거울 보듯 아름다운 추억으로 남았다.

고락苦樂

한세상 달려온 일
가부좌跏趺坐 틀어
심골心骨로 쌓아 올리니
공든 탑이 되더라

그런 세월이
왜
그리도 맵고 짠지

지나가는 바람에라도
힘든 마음 내려놓을 가엾은 기대는
야속히도
눈발로 덮친 시련의 재물이기도 했다

아서라,
애옥살이도 한풀 꺾이면은
씨받이 된 마음 밭에도
환희의 노래는 돋아
눈물 강을 건너갈 날 있으리다.

모 탕*

도끼날도 받아내는
누군가의 삶에
그래 본 적이 있었던가

삶과 죽음의 경계에서
이름값 다 한다는
불사조 같은 영화를 누리려

이리저리 얽힌 삶에
목숨마저 맡길 수 있는
그런 처신이라면 원도 한도 없음이야

아마도
사랑과 미움도 나란히 엎어져
마른 바람결에 뒤집혀지는
잎사귀와 다름 아니겠느냐.

＊모탕: 도끼 받침.

결혼살이

살아있음의 새로운 변신이다

범나비가 그렇듯이

천생의 연분으로
가시버시가 된 참살이가
아옹거리며 예까지 왔으니

아마 그것도
천지간에 둘만 비밀이 아는
아방가르드 아니었겠나.

삶의 이유

어제의 삶이 고생되었더라도
기죽지 말아야 한다

오늘의 삶이 불행할지라도
기죽지 말아야 한다

내일의 삶이 맘껏 안 될지라도
기죽지 않아야 한다

언젠가 새론 세상 만나면
나는
행복의 샘물을 길어 주리다.

봄의 향연

나의 봄은
어디쯤에서 활개를 치고 있나

오손도손 속삭임의 뜰에
나래 처진 새들
둥지에 턱 고이고
어미 품을 그리던
가물가물한 시절의 정경이 설핏키만 하다

추억의 요람에 젖어
처마 끝 낙숫물마저
무현금으로 울리는 창가에
오도카니 앉았노라면

알 수 없는 곡조 동무 삼아
상춘賞春 나들이하는 길
연분의 정은 다시 돋아
깊어가는 향연의 외로운 주연이 된다.

소련실*의 꽃

소련실 뜰에
뭇 꽃들이 피어나면
청할 이 이웃하여
더러 반겨 맞으오리

자연마저 시샘할
다담茶談하는 자락恣樂의 시간에
아미 숙인 홍매도 향기를 더하여
수줍은 듯 눈웃음치지만

아무려면
꽃인들 요다지 이쁘랴
임의 볼우물에 고이는
무한한 기쁨 줄임이 없다네.

*소련실素蓮室: 사리은 문인화가의 다실.

일급 독자

정갈히 차려 낸
풋풋한 당신의 시
맛 좀 볼까요
간이 좀 덜 밴 것 같으니
짭조름하게 절여내면 어떠리까 하면서
나는 붓을 던져도 그림이 되는데…
자존심 죽이듯 앙칼진 독침을 쏘대지만
오히려 소태 같은 소리도 감칠 때가 있답니다
한때는 글쟁이로 기웃거려
수상의 숨은 이력 여럿 있지만
시인이란 남편 그늘에 묻혔어도
문인화가로 화단畫壇의 한 모롱이 채웠네요
내 시의 초대 시시가試詩家로서
턱진 시의 문지방을 넘는
오기만은 죽지 않게 하였으니
받들어야 할 부싯돌 같은 옆지기랍니다.

분 신
―만년필과 잉크처럼

허울 좋은 이름은

죽어 존재하는 것에 불과하다

푸른 수혈로 살아나

서로를 위한 종이 되는 것

그대와 함께하는 세상도

이와 같지 않으랴.

기다림

차곡차곡 적막을 재우는
바람결에 밤은 더욱 깊어만 가고

산촌 초옥엔
졸음만이 천 길 낭떠러지로 쏟는데

저 멀리
달그림자 하나
성큼성큼 다가서고 있다.

유 혹

멀건이 두 눈 뜨고
죽방렴竹防簾의 유혹에 끌려
돌이킬 수 없는 일생의 마감길에 든
이런 낭패가 어디 있나

하기야 재수 없어
낚싯바늘에 꼬여
목 걸려 피를 토하는 것이랑
별반 다를 게 없지만

그래도 떼거리로
비명에 저승길로 가는 건
어처구니없는 몽매한 일이로다

유혹하는 놈 아래
유혹당하는 천치늘이
한 울에 놀고 있으니
인간사야
어찌 엇박자로 끝나지 않으랴.

제 2 부

채이질을 하며

지팡이

연인처럼 맞은
그런 날엔
애무의 손길에 익숙했었지

하나가
둘을 지탱하는
동반의 운명 앞에
분신으로 산 긴긴 세월

언제가 될 모를 날에
함께한 길 이별할 때면
외발 물음표로 서서 배웅할 것이다.

푸른 낙엽

천혜인가,
푸른 낙엽 하나
소리 없이 내려앉는다

얼마나 버텼을까,
숙명이라기엔
너무 이른 철이다

잎맥이 남긴
난해한 지도 위의
얼룩진 고행

인생도 그러하다.

그때는

잊고 살아야 할 것이
잊히지 않는 것도 병이라면
무슨 가피加被를 원하랴

가난의 그물에 걸려
요동치던 내 젊은 시절은
지느러미 잃은 송사리처럼 파닥였다

얼음장 밑 숨죽여 흐르던 물소리마저
슬픔을 배웅한 흐느낌으로 기억되지만
야린 마음 키우려 비손하며 살았었다

이제야, 숨 막히던 고난의 울을
옹골찬 비수匕首로 걷어내니
구부정한 허리 뒤로 햇살이 토닥여 준다.

미리내는 가람을 이루고

돌이킬 수 없는 유년을 흐노니
먼 마루의 미리내는 눈물의 가람 되어
추억을 적십니다

배냇짓하던 아이 자라
더러 고샅길에 놀던 그 시절
는개 내리는 무싯날이면
어머니는 뜯게를 손질하여
그래도 반색하는 자식 입혔었지요

소태 같은 세월에 회포를 풀어
애면글면 애쓰다 보면 여줄가리도 오달져서
삶의 회두리판에 늦사리도 다행인 것을

시나브로 잎 진 졸가리처럼 됐을망정
명지바람에 울력하고 화수분이면 좋을
그런 인생 어디쯤에서 다시 만나랴.

살다 보면

돌아온 봄날
속살 드러낸 그 꽃이
무슨 연유로 피었는지
파르르 입술만 떤다

잦은 가랑비 시기하는
찰나에 꽃잎 떨어져
두고두고
그 이름은 남아 제 고향이 된다

무정하다 한탄하며
시름겨웠던 여정이 야속키도 했지만
울음 섞인 지난 사연들도 약으로 여겨
원컨대 여생에 다시 피길 바라는
헛된 꿈일지언정
저물녘에 이르러서야
여기가 유정한 터라 홰를 치는구나.

어쩌다가

나날이
앗아가는 젊음을
위장하는 얼굴에
분노를 느껴야 하는
서글픈 사람아

우연이라도
눈을 잠재우면
거울이 없어도
나를 찾는
관음 같은 것

뼛속을 울린
삶의 고삐를 다잡고 섰지만
설핏한
노을빛 바람에도
휘청거린다.

아무 생각 없던 날에

석양을 바래주기나 하듯이
문득 어디까지일까
부정不定한 시한부를 살다 갈 것처럼
근심하는 내가 미워지고 서글퍼진다

감내하기 버겁던
아린 상흔의 애송이 때를
마냥 잊기로 다짐해보지만
오래 맺은 인연들의
무진無盡 깊었던 정나미는
엄마의 젖내처럼 새록새록 파고든다

더디 가고픈 마음에
원앙의 노래 허물없이 부르면서
쟁일 수 없는 옛 그리움 삭여도 보며
마른 꽃 더미 속에서
못다 져 뿜어내는 잔향의 기운처럼
아무런 생각 없이 애꿎은 시절만 타령한다네.

채이질을 하며

바람이 없는 날
긴가민가 헤아려내는
노련한 채이질에
날려가는 저 가벼움의 존재여

진정 날려야 하는 것을
떠나보내는 자유의 족쇄는
슬픈 운명이라 말하리라

쭉정이의 비애

인생살이가 얼마나 여물어야
무지렁이 같은 오욕을 벗을 수 있나

바람 자는 날이면
진정 남아야 할 알곡의 잣대로
채이질* 하고 앉은 가슴 다독여 본다.

*함안지역의 방언으로 "키질"을 "채이질"이라고 한다.

포기는 없다

그냥 쓰러지면
일어날 수 있지만
꺾여 넘어지면
일어나기 어렵다는 것을…
불탄 소가죽 같은 삶의 고해를 건너
주름 펴진 비단길을 갈망하기도 했다
대지의 처녀막을 파열하며 솟아오른
쇠뿔 같은 죽순의 의지를 터득한 그는
극기의 울분으로 굽힘 없이 일어선다
심장의 끝에서 요동치는 소리
그침이 없는 한.

삶의 끝에서

시위를 떠난 화살이
생명처럼 유한하다면
과녁은 찰나의 무덤이 되리라

풍파도 비켜 가버린
어느 날에 다다라
누군가에 의해
인생의 점수를 가늠한다면
씁쓸한 맘으로 동안의 미소 지으리다

끓는 피로 물들인 청춘시절이
속절없이 가버린 줄 몰랐는데
젊어 보인다는 인사치레가 욕된 현실일지라도
가이없는 행복을 좇아
천연스러운 웃음으로 향연의 노래 부르리.

관 솔

죽어서도
안으로 붉게 타는
뼈를 만들어

광명의 불꽃 피워내며
전생을 얘기하는
또 다른
탄생의 이름이여

시려드는 이 가슴에도
언젠가
그런 날이 오리라
맥박을 다독인다.

곶 감

푸르던 시절엔
별빛 같은 꿈의 지존으로
이름도 떫었었지

잎새의 지문이 풍문을 닫고
또 다른 득명의 골골로
선홍빛을 뿜어낸 마지막 정열

천명天命에 순응하여
사례四禮*시는 부름을 받아
묵언의 숨결을 들려주는 날

하얀 꽃무늬 수의를 차려입은
미라 같은 너를 보다가
먼 훗날을 예감한 듯 회심에 젖는다.

*사례: 가례家禮의 핵심을 이루는 유교적 이념 관冠, 혼婚, 상喪, 제祭.

왜가리

이 물
저 물 들이켠 강물은

깊을수록 침묵하며
대변代辯하는데

폐부에서 자아올린
사금 빛을 물고

갸웃갸웃
귓속말 엿든 듯이 물음표로 섰다.

배관기拜觀記

시詩는 피어나
화전花田을 이루고
그 향기는 오래도록 야윈 가슴을 데웠네
어느 누가
나의 시화에
배관기拜觀記 남길 농익을 때가 오겠는가
천추에
그럴 이 있다면
장무상망長毋相忘*을
낙관하여
붉은 시의 꽃잎이 되게 하리다.

*장무상망長毋相忘: 추사가 제자 이상적에게 준 세한도의 낙관인.

가래질

가래질을 한다
바람이 부는 날이면

영영 돌아오지 못할
선택의 기로에서
쭉정이로 외면당하지 않으려는
숙명적인 이별의 미적거림이 섧다

운수 좋은 알곡으로 남아
배곯아 굽혀진 섬을 일으키듯
오기에 찼던 젊은 날들은
일그러진 무참無慚스런 삶이었지

세월의 아픔에
죽지 처져도 버티고 버텨
맞바람에 방향을 잡아
늘그막의 무게를 가늠키 위한

하루의 뼈를 마저 세우려
애오라지* 몸에 청혈을 들이켠다.

*애오라지: 좀 부족하나마 겨우.

비의 애가

쇠등을 다투며 내린다는
소나기의 우두둑한 발자국 소리에
야속하기 그지없이 발걸음이 묶여도
시샘한 하늘가엔 무지개가 반긴다

젖은 날개를 털며
하늘 째지도록 울며 비상하는 새처럼
지쳐 어스러져 가는 이 몸을
연꽃 속에 앉혀서 시름 풀고 가려는데
야릇한 시절을 탓하기엔
내 인생의 깊이가 너무 얕으나 보다

이런 날 불러보는 비가悲歌를
초록 빗물로 써 내려가면
애타는 마음이야
연잎에 구르는 은구슬보다 맑지 않으랴

정녕,
우레가 쳐도 탓할 리 없는
머나먼 보랏빛 여정도
훗날에 돌아볼 오늘이었으면 하는
비의 애가를 들려다오.

위정자

장작 패듯이 패라

억조창생이 아니라 하면
아닌 것이 맞다

게걸음으로 개 소리만 내며
언구럭 부리는 무지렁이들

장작을
패듯이
무조건 패라

답은
하나뿐이다.

인생받이

애초에 운명으로 만나
살가운 옆지기 된 죄로
낯설고 물선 세상을
몽매한 철부지로 보낸 미련스러움이
이제 와 생각하니 못다 핀 꽃의 향기리라

아침인가 싶더니 저녁은 쉬이 오고
꽃다운 젊음은 여위어졌지만
그래도 바람의 끝은 있어
사랑의 광주리에 소복이 넘쳐나는
여문 알곡들의 빛깔은 은총이지요

남은 것이라곤 목주름이 목걸인 양
서로를 위한 버팀목의 인생받이로
초연히 풀어 갈 마지막 정열 담아
여생餘生의 종막에
한세상 다한 주연이 되어요.

푸 념

가을을 재촉하는
성화에 못 이겨
밤이슬로 머리 감은 억새처럼
은빛 노년에 붙들려 서성거린다

빗살무늬 그으며
못 갖춘 속마음 적셔주는 가을비는
잊고픈 지난날을 추억케 하여
나이의 무게를 들어내고픈 날이다

건듯 부는 갈바람에
단풍도 기댄 듯이
홍의의 여인처럼 비천할 낌새로
귀에 익은 탈의脫衣를 서둘 적에

무슨 연유인지
죽지에 힘 실어 지저귀는 산새들은
하늘 접시에 해가 잠기는 운화雲華를 그리며
나도 못 부린 텃세
텃새 노릇을 하고 있다.

신은 아시나요

비가 청승스레 오는 날은
굼틀굼틀 앞산이 그려내는
그라데이션의 산수화를 만난다

뉘랄 것 없이
산지니처럼 푸덕이던 지난 삶에
슬며시 는개 빛이 어리면
만 가지 근심인들 뉘엿뉘엿 아니 사라지랴

일었다간 그치고
그쳤다간 되살아나는
저 운무의 재주를
신은 아시나요

비록 삶이 그럴지라도.

짐

짐을 안 져 본 사람은
짐의 무게를 알 리 없다

피에 얼룩진 신세 벗어나고파
가냘픈 몸부림이 있던 시절엔
꽃도 예쁜 줄 몰랐다

얽히고설킨 실타래를
풀기도 전에 끊어야만 했던
누군가의 삶을 밤새운들 알겠는가

짐을 져 본 사람은
짐의 무게를 안다

이 나이 들어
어깨뼈가 기울어진 까닭도.

들무새*로 살다

사는 게 팔고八苦라는데
어이하여
지켜온 도리마다 눈물겨우냐

굽은 돌담길에 정겨운 사연 묻고
하염없이 걷던 때는
옛 추억도 옹이처럼 깊어짐을 연민한다

매운바람에 시달리고
심신이 찢어져 만든 씨방을
머무른 이 자리에 파종할 꿈을 꾸는 시간

돌아볼 여유 잔설만치 버텨서
굽은 허리 일으켜 세울 용기는
아직도 들무새할 여력이 있기 때문이리라.

*들무새: 몸을 사리지 않고 궂은일이나 막일을 힘껏 도움.

문답問答

죽살이친
삶의 끝을 자문한다

물이 얼음이 되고
얼음이 물이 되듯이

다시금
죽고
사는 것에
경계가 있더냐고 물어오면

아마도
우리 인생이
그러려니 하고
마침표를 던지련다.

노심老心

여명에 졸음 쫓고 나선 길이
어느새 황혼 길에 다다랐다

오순도순 반주깨미*하던
그때를 돌이킬 순 없지만
잊어야 할 것이 더 많아지는
애잔한 맘이 송곳처럼 내민다

가끔은 속 빈 고목 등걸이 우는 소리에
놀란 몸은 움츠러들고
닳은 지문 같은 근심에 눌려
울지 못해도 풀쳐생각*합니다

지난날의 미련에 참회하며
터 잡고 살아온 헐벗은 욕망들
야윈 볼에 깊이 묻혀버렸지만
그래도 아쉬운 듯 너털웃음 짓는다.

*반주깨미: 소꿉질의 방언(경남).
*풀쳐생각: 맺혔던 생각을 풀어버리고 스스로 위로함.

길 목

모든 것 내려놓고 싶은
이쯤의 길목에서
아련한 달무리에 희롱당한다

어둠을 쫓는 창백한 빛 따라
발길을 내다져 갈 때마다
길들여진 세월은 더욱 야속해지고
원願함을 쫓기엔 너무 바쁜 걸음이다

야반삼경夜半三更에도 길을 나서면
풀벌레 소리 조용한 길은
인적이 드물지 않았다는
행로임을 이제야 알 것 같은데

이 한 몸 희생한 자리마다
하심의 등불이 켜졌는지
활대 같은 허리의 아픔을 덜어내고
너무도 멀리 와 버린 길 까치발로 서서 본다.

저녁놀을 외면하다

동향집에 살다 보면
서향집에서 느끼는
살이와 다름을 알게 돼요

하루의 고된 여정 풀고
이래저래 부딪히면서
그게 그거라고 일러주는
태양계의 이치도 받아들여요.

해넘이가 남기는
저녁놀을 바라보며
오늘도 저렇게 인생이 물들어 지는구나
지청구하듯이 내뱉는 이내 심정을
늘그막에야 알 것만 같아요

동녘 해바라기 집 삽짝 너머로
찬란한 볕살 찾아들면
덩실덩실 춤사위로
결 고운 인생의 나이테를 새겨 가는
어느 노인의 화두話頭가 아침놀에 타요.

오가던 길

봄볕에
매화 벙글 때
짝지은 산새 노래
내 맘인 양 흥 돋우네

행여 마주치랴
나만의 그대 그리워
설레며 지나는 길

이 마음 둘 데 없어
오가던 길 머뭇거릴 때면
까치발로 바라보고 섰을
임의 모습 그려본다.

제 3 부

―

소금素金꽃

아침에 핀 옥잠화

옥비녀 꽂은 단장에
제 한 몸 가누려
고개 숙인 가련함이여

햇살이 고개 내밀어
슬며시 이슬의 무게를 줄여 놓으니
늙어가는 내 근심도 들리어가는 듯하다

하루의 조바심에 여민 심신을
오랜 추억의 연분으로
다독여 살 여유 즐기면 어떠리

왠지 비우면 일어서야 할
내 마음 같잖은지
하이얀 꽃대도 힘에 부쳐
살랑살랑 이별 연습인 양 머리를 조아린다.

소금素金꽃

무취無臭한
백옥의 결정으로
지켜가는 정절

정해진 만남에
순애殉愛하는 너를 닮아
그렇게 살아본 적 있는가

제 모습 잃어도
한 성깔 지니고 갈
불변의 존재로 남아

원컨대
이름값 다할 그날까지
하얀 쇠 꽃을 피워 이력을 쓴다.

봄은 아직 남았는데

정원의 꽃들이
절로 다투어 피면
인생사에도 피바람이 분다

먼저 피었다고
나중에 지지 말라는 이유 없지만
봄은 아직 남았는데

향기 다하지 못한
저 모양에 외면하는
벌, 나비들.

꿈속을 헤매다 깨면

천상의 경계를 그어
파문 지는 연둣빛 등고선은
풀죽지 않은 청춘의 맥이다

잊힌 날이 회춘한 듯
말문 잠기도록 활화산活花山으로 피니
미지의 고향은 그 어디인가

꿈속을 헤매다 깨면
더는 기대할 수 없는
시절의 흐름이 아쉽겠지만

어느 봄날, 귀천貴賤을 버리고
염불 없는 꽃잎처럼
피안의 길에 들어설 것을.

터 전

어느 날
살여울이 빚어내는 가락에
귀를 따라가니 수줍은 듯
도란거리는 갈대 사이로
물봉선이랑 이름 모를 꽃들이
볼이 닿도록 어울려 산다

어디서 와 언제부터 뿌리내려 살았는지
알 이유도 없지만
우리네 삶의 터전이 그러했으리라
떠나온 곳이 멀어져도
가슴에 어려 그리움 닿는
그곳은 잊힐 리 없음을 안다

둥지 튼 산새들도
알아듣지 못할 희망 섞인 지저귐으로
지친 나래 깃을 접는 안식의 자리
늘 공존의 터전에서
우리 같이 살고 지고 말
그런 눈부신 정든 땅에 세월을 묻는다.

금낭화

밤새워 잉태한
비밀스런 비원悲願을
붉은 금낭에 담았네

아침 바람의 추임새에
햇살 머금은 영롱한 이슬은
탄로 날 비원을 예감이나 한 듯이
눈가를 적시며 고백 중이야

서리서리 맺힌 애정의 깊이를
뉘라서 알까 마는
임의 옷고름 풀 듯 풀어낸들
어디
봄날의 천지조화에 비하랴.

바람 빛

앞 뫼에서
바람 빛이 잔잔히 번져오면
무슨 사연 들려주려나
은연중 귀를 여네

한 시절 지나감을 잊으려고
하심 하는 터에
춘정에 겨운 꽃향기마저
품속을 파고드니 설레기도 해라

애끊듯 우는 풀꾹새가
배곯던 봄날을 배웅하며
아련한 기억의 저편으로
내 유년의 꿈도 거두어간다.

햇차를 마시며

봄 뜨락에 햇차를 헌작하고 앉으니
뭇 새들도 나긋이 찾아들고
못내 핀 모란마저 병풍을 둘렀네

다향의 취기에
세월만 탓하던 야린 마음 둘 데라곤
붓꽃이 휘젓는 무흔無痕의 일필뿐이라네

이런 날엔 애써 잊을 것도 없이
비단 같은 햇살에 감기어
고개 돌린 새의 몸짓으로 춘몽을 꾼다네.

한살이

야풍野風스런 꽃에도
모진 고뇌가 있을 터

나풀대는 것이
춤사위라면 오죽이나 좋을까

아늑한 삶의 향기
기쁨도 순간인 것을

눈에 어린 낙화는
야멸차게 떠나는 이의 답신인가요.

철쭉을 보며

올해도 뜰에 핀 철쭉을 보며
몇 해나 반겨줄 이가 될지
상념에 젖어 되뇌인다

정 붙이고 살아온 세월
이내 마음 둘 데 없어
불매佛梅란 당호堂號를 걸었는데

일흔이 넘어도
보채는 아이처럼
까치발로 서서 고향 하늘을 좇는다.

어느 가을날에

철모르게 피어난 꽃
남몰래 지고 있네

기다림이 그다지 깊은 줄 알았다면
쉬이 떠나진 않았을 것을

후회 없이 산 날들
종자 하나는 건졌어도

간간이 가랑잎 우는 소리는
마음 한켠 이별의 노래되어
허공에 차구나

임 떠난 어느 가을날에.

맨드라미

세상사 굽어보며

오가는 바람에 염문하듯

끓는 피 추슬러

일갈一喝하는 의연毅然함이여,

구시월 맞아 붉은 용포 차림의

정좌한 풍채에

계관鷄冠을 쓰고

벼슬길 올라

한 시절 버티고 선

너는 진정 목민관이로구나.

매화석을 곁에 두고

우주의 숨결로
세월에 이력을 써온
침묵하는 너를 마주할 때면

춘풍에 벙글은 꽃잎의 춤사위는
유혹의 자태 여미어
나를 끌어 정좌케 하네

아득한 그리움에 사무쳐
깨무는 입술로 한세상 향유할
흥겨운 동반의 여로에서

안으로만 꿈꿔온
굳은 맹서의 품을 열어
매화타령이라도 할까 보냐

켜켜이 쌓인 천혜의 조화를
뉘라서 알랴마는
들리지 않는 소리에 귀 기울이며

날마다 향기 뿜는 생명의 꽃을

부러워하는 오직 한마디

영원토록 사모할 지지 않는 꽃이 좋아.

복수초

귓속말로 들려주는
하늬바람에 의하면
봄은 아직도 멀다는데

시샘이라도 하듯
대지의 창窓을 밀쳐
새색시처럼 오롯이 내민 얼굴

때를 놓칠세라
조바심이 타는 몸짓은
기다림의 상처도 깊었는지

자지러지는 춘정春情에
복수福壽를 동여매어
여린 듯이 입춤을 추누나.

객 꾼

반쯤 피어 반기는 꽃아
비밀이 있거들랑 닫아두렴

이슬마저 무겁다고
놓아버린 아침에

언약의 실타래 풀듯
향기로운 품을 열면

벌 나비 모여들어
화전花煎잔치 벌이는데

난데없이 날아든
비겁한 똥파리의 혓바닥을 본다.

그네 뛰는 여인

앞산 뻐꾸기의 애끓는 기별에
지산 숲은 친친이 어깨를 겯고
오방색 그넷줄에 정분 아로새기네

단옷날
밑신개에 올라
하얀 외씨 버선발로
창공을 차오르는 비천飛天이여

멈춘 듯
나아가는
그네의 마음 따라
다홍치마 여인의
가슴에도 파란이 인다

임이여 꿈에 그리는
좋은 시절 만났으니
휘영청 달 오를 때까지
한바탕 어울려 추천을 즐겨보세.

운수 터진 날

맑은 날이나
궂은날이나
마르면 마른 대로
젖으면 젖은 대로
천리에 내맡기는 삶을
배냇짓할 땐 몰랐으리

구름 걷힌 산허리에
상기한 연둣빛이 약속이나 한 듯
기웃기웃 얼굴 내밀어 불러내면
동향 볕 드는 창가에 앉아
팔짱 낀 그림자 잠시라도 동무 삼아
살짝 헤픈 미소를 지어 본다

무시로 그려낸
봄바람에 사레든 복사꽃과
눈 마주친 운수 터진 날
이보다 더한 풍경이 어디 또 있으랴
붉게 입맞춤했던 연출은 끝나고
추억의 노래 무대에 올려 산 자를 찬미한다.

감기

피가 솟도록
목이 터져라 뿌리치건만
무슨 연이라도 있는 듯이
그리도 끈질긴 도꼬마리로 붙는지

뱃가죽이 틀려도 아랑곳없이
애간장 녹여 진을 다 뺀 후
온다 간다 예고 없이 떠나갈
불청객의 꼬락서니에 사약을 내렸다

구름 걷힌 하늘 아래
두 번 다시 만나서는 안 될
신열을 안고 탈옥하는 악마를 위해
탱자나무 울타리라도 쳐야겠다.

어떤 풍경

초록의 세상이 오면
제 잘난 듯이 꽃은 피어
한때나마 영화를 누린다

바람도 없는 뜰에
외로운 비비추 꽃대가
자꾸만 하늘거려 눈길을 끌어당기고

비 갠 후 햇살에 씻은 듯이
심신의 무게 줄여가며
바라본 풍경이 예사롭지 않다

그제야 흔들리는 까닭이
꽃술에 입 맞추며
들랑거리는 벌의 소행임을 알아가는 순간

제 잘난 듯이 피던 꽃들도
빛 잃은 상처를 안고
무싯날 무참히 쓰러지는 비운이 있음을 알아차린다.

접시꽃

푸른 살강에 층층이 쌓인
동글납작한 접시들은
정물화가 된 기다림이다

밤이슬로 헹궈
달빛도 무색하리만치
순결한 오색 빛깔은 시샘을 준다

해마다 유월 즈음
벗님 청하며 머금은 옛이야기를
맘의 시렁에서 울렁울렁 피우는데

오늘은 빈 접시에 무얼 차려 놓을까
애타는 가슴 달래줄
내 키보다 더 자란 그리움들을.

백 합

유월이 가기 전에
깊은 사랑
더는 감추지 못해
순결의 옷을
벗어버린 너

살내음의 매혹에
그리운 이 돌아오면
부끄럼 탄 얼굴로
수정 같은 눈물 떨구네

세상을 품어댄
네 향기의 이움이 안쓰러운 만큼
꿈결에 느껴보는 연민의 정도
그만치 깊으리까.

초춘종 招春鐘

해마다 이맘때지
뒷산 뻐꾸기의 애끓는 울음이
배곯은 시절을 회상시키면

북받친 설움 달래려
젖빛 몽우리 틔운 매화도
한 폭의 매조도 梅鳥圖를 뜰에 건다

뻐꾹 뻐억꾹 임 그려
일죽헌 一竹軒에 문안 오면
나의 봄날도 피맺힌 채로 핀다.

닮아가기

꽃이
봄을 안고 오는
예에 삶의 향기가 풍긴다

요염한 맨드리에
혼신을 앗기어
길손 오가는 줄 모르고 마주하면

너야말로
말없이 일깨워주는
진정한 시절의 구도자이다

어쩌랴
아직 이른 땐가
벌 나비 잠든 뒤에야

내 마음의 문이
열릴까 말까
그것이 의문이다.

백 련

청사포靑紗布 두른 고운 맵시에
보기마저 계면쩍어
속속들이 알 수 없는
머나먼 꽃의 여신이여

그 심중 헤아려
늪 같은 당신의 사랑
길어 올릴 수 있는
두레박 속의 빛과 그림자여.

퇴고 그 후

시의 집을 위해
미관 작업은 시작된다

누렇게 바랜 시
동바리 허무니
다 무너지고
벽체를 허무니
앙상히 손볼 일만 남았네

서까래 갈아 끼우듯
띄엄띄엄 개축하다 보니

분단장이 어색치 않은
시집온 새댁마냥
피는 얼굴 되었네.

짓거리

개가 하는 짓이
개지랄이라면
개지랄하는 사람은
개가 되는 꼴인가

인생살이가
개같이 벌어
정승같이 산다 하니
단 하나의 목적을 위해서라면
똥도 마다할 이유 없음이야

아서라,
술 취해 지랄하지 마라
개똥상놈아
개똥밭에도 이슬 내릴 날 있단다

인간으로 태어나
지랄知剌*이면 다행이라 여길진대
개지랄 않고 살아가는
그게 삶의 큰 이유 있음이야.

*지랄知剌: 어그러짐을 앎.

글지이의 푸념

늘 말모이를 곁에 두고
무시로 글의 늪을 헤맨다
내 사유 담을 그릇 하나를 위해
목사리에 걸려든 언어의 유희는
바람길처럼 자유롭지 못해 뼈를 깎는다

글쟁이 앞치레 끝나려면
아직 먼 길이어서
죄 없는 앞섶만 만지작거리다가
문득 별곡이라도 듣듯 눈물겨워진다

누구나 갈 수 없는
그렇다고 아니 갈 수 없는 길을
부단히 못 죽어 가는
그런 돌 같은 글지이가 실없이 웃는다
무슨 까닭에.

제4부

마산의 달

백이산에 올라

백이숙제伯夷叔齊는
어디 뫼서 잠들고

의인義人 차림의
등 굽은 노송만이
날 반기나

저 멀리
남강 물 굽이굽이
뱃길은 간데없고

남산벌의 황금 물결에
풍악 소리 드높다.

말이산을 오르며

누구랄 것도 없는 고분古墳이
세계문화유산으로
다시 천추에 빛나리

다 함께 편안한 아라 고도에
홍련의 향기 그윽한데

그대도 연실蓮實이 되어
다시 천년을 누리시구려.

모자섬*

진동만의 잔물결에
넘실넘실 핥아지며
생긴 대로 불려온 이름이다

어느 벼슬아치처럼
자존심 하나 내걸고
보란 듯이 감투를 지켰을까

달빛 아롱거릴 때
그리운 살붙이들 떠난 자리마다
해조음으로 달래보는
여운 깊은 나날

희멀건 목덜미에
만선한 어부 추파를 던지면
괭이갈매기도
끼룩끼룩 어깨춤을 춘다.

*모자섬: 진동만 앞바다에 있는 작은 섬.

용추폭포龍湫瀑布*

구름이 잦아진 골에
선녀의 비단 치맛자락이
무지개에 걸려 펄럭이고

사자후獅子吼처럼
지천을 울리는
백룡白龍의 포효에 등골이 시리다

그 아랜
미처 성불하지 못한
미륵보살이 연좌를 튼 채
시절 잊어 달관인데

먼 훗날
어느 중생이
득도得道에 이를 지경이 온다면
동반 승천할 꿈을 꾸리다.

＊용추폭포: 경남 함양군 안의면 상원리 심전동 용추계곡에 있으며,
 2012년 12월 8일 '명승' 지정됨.

울돌목에서 이락사까지

조선의 운명이었던
울돌목의
장엄한 소용돌이에
백구의 울음이 혼곡魂哭 되어 흐른다

장검長劍에 달빛 물들여 쓴
난중일기는 사적이 되고
피 끓는 바다와 산에 맹서한
그대 충정은 청사에 빛났다

오직 열두 척에 국운을 걸고
호국의 신으로 투신했지만
왜침에 서린 한이 노량해전을 빗겨가지 못해
이락사에 잠시 주검 뉘고 떠난 임이시여

백의로 종군한 칠 년의 전장에서
초개같이 버렸던 한 목숨은
이 영토를 핏빛으로 씻어낸
찬란한 대성운해大星隕海였음을 불망합니다

거룩한 공을 기리는 비문마다
충심 어린 눈물 맺혀 두고
의분에 북받쳐 내 울고 간 줄
뉘라서 알랴마는 관음포는 본체만체 말이 없다.

탄피
—서북산을 오르며

그날의 아픔을 딛고
피어린 너덜 오르니
부음도 없이 비명에 간
임들의 넋인 양
눈물 마른 구절초 흐드러지게 피었네

멀리
한 맺힌 능선을 훑고 오는 하늬바람에
텅 빈 탄피의 애절한 울음소리는
한 몸 불사르고
이 땅을 떠나지 못한 티몬스의 초혼인가

주인 잃은 인식표처럼
너덜너덜한 가랑잎이 떨고선
전역戰域의 하늘 아래
아직도 메아리치는 슬픈 환청은
잃어버린 시간 속으로 여울지는데

못 잊을 세월에

깊어만 가는 탄흔조차

무명용사의 비문이 되어

또 하나의 이력을 써 가면

이승의 사무친 비극을 묻고

잠 깨어난 영혼의 이름으로 다시 서리라.

*로버트 리 티몬스(1919. 5. 14.~1950. 8. 23.) 대위는 미 제25사단 5연대 전투단 1대대 A중대 중대장(육군 대위)으로 서북산(738.5m) 전투에서 전사했다. 정상에 추모비가 있으며, 주한 미8군 사령관 리처드 티몬스 중장의 부친이다.

만휴정*에서

만휴정에 올라 보니
오방색 차려입은 여인이
사뿐사뿐 외나무다리를 건너오네
황학산 송암폭포 세 번을 내리쳐
'보백당만휴정천석'이 병풍을 두르고
탕에 비친 현란한 구름 빛은
옛 영화를 일러주듯 갈바람에 진다
그대는
잘 다스려신 세상을 꿈꾸며
향리로 돌아와

'우리 집에는 보물이 없지만
보물로 여기는 것은 오직 청렴과 결백이네'*

이만하면,
어찌 청백리라 아니 하리오
천 번을 들어도 내 생각이요
만 번을 말해도 변함이 없는데
늘그막에 쉴 이 정자에서

나도 잠시나마 정취에 취해
한시름 놓아 감을 붙잡을 이 없네.

*만휴정晚休亭: 국가지정명승 제82호. 경상북도문화재자료 제173호
 -안동시 길안면 묵계하리길 42. 조선 전기의 문신, 안동 김씨10세
 손 보백당寶白堂 김계행金係行(1431~1517) 선생이 1500년경에 지은
 정자로 말년에 독서와 학문을 연구한 곳이다.
*오가무보물 보물유청백吾家無寶物 寶物惟淸白.

자연의 뼈
―마산수석회 50주년에 부쳐

너와 함께한 반평생을 지날 적에
젊음도 인생도 따라 졌지만
허허 쓴웃음으로 회상하는 시간
아득히 먼 길 낯설어도 희락에 젖어
하염없는 동경으로 산천을 누볐었다

널 보면 변한 듯 그대로인 채
세월의 잔금이 여울져 갔어도
귓불 붉던 얼굴에 잔주름이 질 때마다
그냥 그렇게 살았나 보다 하고
또 하나의 남다른 이력을 써 가는 것이다

영원한 존재의 생명으로 남을
돌의 문신이 된 비문처럼
우뚝 선 자연의 뼈를 닮고자
마음의 문을 넓혀 가까이한 날들
송강松江에 모여 석담石談의 꽃을 피웠다

온 기氣의 핵으로
걸림 없는 십장생이란 이름 걸고
만인의 축수祝壽적인 성향이 되어
영혼의 존속을 믿음으로 달래며
이 한 몸 영생토록 꿈꾸게 했다

천태만상의 아픈 세월에도
야위고 주름져 틈새의 비움 있어
풍상설한 겪은 탑형석에 원초적 기원으로
남근석, 음석처럼 줏대와 포용을 세우고 품으며
다시 반평생 함께 누릴 옹찬 마산 수석인이여!

산

산은
준엄한 침묵의 표상으로
내 아버지를 닮은 부처이다
모난 산길은 살아보면 안다는
진리의 말씀 같았고
맞아주는 기슭은 품속 같았다
초가삼간에 찌들어 사셔도
인정은 넘쳐 인적 끊어질 날 없었나니
산에 핀 꽃이 좋아 지겟가지에 걸고
술을 권하며 즐기던 때는
근심을 잊은 시절이었으리라
걸림 없이 살며
만사가 족한 인생으로
늘 그래 살라 하신 말씀이 보감 되어
산울림으로 전해 오는 까닭은
오늘따라 고운 산빛이
더욱 옛사랑을 부르기 때문입니다.

보리암에서

하늘을 이고 앉은
자연법당의 얌전한 바위들이
살포시 정좌한 스님들로 보인다
눈앞에 펼쳐진 남해 바다는 경전이어서
갈매기도 끼룩끼룩 물결의 장을 넘기며 읽어 내리는데
내 어이 귀만 열고 입을 닫고 있으랴
땡그랑거리는 풍경 소리
나직이 방하착放下着의 세계로 인도할 때
세월에 빛을 더하는 단청처럼
바랜 듯 바래지 않은 인생의 무늬를 짜고 싶다
작은 가슴에 갇혔던 사바의 고통을
일순에 거둬가는 바람이라면
음미할 한숨은 따르진 않겠지만
유정도 하여 피의 앙금이 흐르는
파사석탑에 인도의 향불을 사른다.

일주문을 지나며

마음의 문턱에 걸려
세속과 출세 간의 경계에 서니
잠든 망상 흔들어 깨우는
심신에 비움의 바람(願)이 분다

삼매를 이루려
문 없는 문을 열고
해탈문(解脫門)을 향해 갈 적
근심 걱정 잃어버린 날이
디딤돌처럼 고즈넉이 다져 만진다

번뇌를 사르고 사르면
일불승(佛僧)이 될까만
웅크린 산속에 은신하다
새벽안개 뚫고 마중 온
산새 울음을 헤아려보고 싶구나.

섬

갈매기가 절규하며 쉬어가는 안식처
파도에 묻히고
안개에 덮여 꾸물꾸물 일어서는 것이
마치 개미의 행렬을 보는 듯 아련하다
가난을 털어내는 섬에 봄이 오면
조개잡이 아낙들의 호미 쥔 손엔
한 줌의 기쁨이 가득도 하지
나도 잠시나마 섬의 풍미를 만끽한 채
우두커니 은발銀髮 쓸어 넘기며
닿지 못하는 손 뻗어 추파를 던진다
기우는 황혼 길에 접어들어
살아온 줏대 꺾일까
애절히도 염려스럽지만
그래도 섬은 요동치 않을 뿌리를 내렸으니
우연이라도 벌거벗은 너 닮아지면 좋으려나.

당산제堂山祭

해마다 백중이 오면
이레 동안 몸 가심질하고
새벽이슬 밟으며 치성 드리려 당산에 오른다
휘늘어진 노송은 집사처럼 맞아 서고
하늘에 닿을 듯 소매 깃 여미어
산신단 천지신명께 아뢰
마을 열두 집의 택호를 불러 기복한다
그 옛날 베풀어 놓은 인걸은 갔어도
지금의 후예는 인정 서린 터전에서
써레 씻기 호미 씻기 일 끝내고
숙명처럼 면면히 이어온 순풍을 기린다
이날은 타관살이 간 자들도 고향의 품으로 돌아와
옛 애기 풀어 술안주 삼고
정리情理에 맞춰 하루를 즐기는 날
비로소 저마다의 사연 담아
영원토록 평안을 기원하며 제향을 지내는
미덕이 여기 금산에 아직 살아있다.

＊진북면 금산 대밭골엔 해마다 백중날 당산제를 지낸다.

적벽赤壁은 말이 없다

동파東坡*시여!
그대는 어디 가고 적벽만이 반기나요
뱃놀이로 수작하며
저 강의 흐름에 풀어놓던 시의 타래를
내 여기 와 감아올려 본다오
흥에 취해 신선의 행세하니
기망旣望에 가려진 별들마저 빛을 잃는데
시객은 간데없고 장강만이 그대로구나
내 오늘
동파 그대와
조각배의 흐름에 맡겨
권주가를 청한다면
그리움에 사무쳐
서산의 달이 지는 줄 모를 것을
예 온 나그네 오래 머물 수 없음이 안타까워라.

---

*동파: 소식蘇軾의 호. 적벽부赤壁賦를 지은 중국 북송시대의 시인, 정치가.

소쇄원*에서

내 올 줄 알았는지
채질하던 자미화는
삼폭포에 머리 감고
다소곳이 드리울 적
그 모습 얼비친 작은 연못에
붉은 파문 일으키며
유영하던 열대어는
한 폭의 어화도魚花圖를 그리네

애양단愛陽壇은 속세의 빗장 두르고
오곡문五曲門은 통천通天 길을 내어
낯선 사내 발길 붙들어 사바娑婆를 제도濟度하네
오수에 잠긴
제월당霽月堂은 고즈넉한데
광풍각光風閣에 앉은
아내는 선정禪定에 들고
나는 흰 구름 뜬 하늘에
살랑살랑 묵시墨詩 쓰는 왕죽을 벗한다.

*소쇄원瀟灑園: 조선 중종 때 학자 양산보梁山甫의 별서정원別墅庭園.
명승40호. 전라남도 담양군 가사문학면 소쇄원길17 소재.

계승사桂承寺*에서

청라 빛 녹음들이 도열해 반겨주고
무정한 시절 따라 흐르는 석간수는
목마른 이 나그네의 애환을 달래주네

백악기의 흔적들 천연天然의 기념물紀念物로
못난 이 세심하려 연흔漣痕에 빠져들면
산새들 우짖는 소리 대오大悟할 법문일세

계림桂林이 병풍 두른 아란야의 길지에
승통承統한 법진法珍스님 바리때 놓은 여기
사문寺門을 나서려 하니 만법이 에워싸네.

*계승사: 경남 고성군 영현면 대법3길 236(대법리 산 17-1) 금테산 중턱에 소재한 신라 문무왕 15년(675년) 의상대사가 창건한 전통사찰로서, 회주 금산·법진 대종사와 주지 상원스님(민화작가)의 수행처이며, 천연기념물(475호)로 지정된 중생대 백악기의 공룡발자국 화석 등이 있다.

서북산*의 메아리·2

알곡이 여물어 갈 무렵
정든 집 뒤로하고
못 견딜 두려움에 뿔뿔이 피난 갈 때
서북산은 불꽃에 뒤덮여 통곡했지

가난에 덮쳐 산나물로 명줄을 이어주던
그 세월이 멀다 하고 환생한 지 몇 해이냐
잿더미 속의 바람에 실려
아련히 귓가에 맴돌던 환청은 고희를 지났다

태양도 빛을 잃던 전장에서
운명의 장난처럼 산 자의 가슴에 남아
무명용사의 훈장처럼 빛을 더하며
못 씻을 아픔으로 에워싸여 통곡케 한다

포화에 산화한 임들이여
이름 석 자에 군번은 남았어도
목에 걸었던 인식표와 함께
영영 찾을 길 없는 주검을 어이하랴

조국의 부름 따라 예서 산화한
불러도 대답 없는 한 맺힌 혼령들은
아직도 영면하지 못한 채
이 땅의 영원한 파수꾼으로 메아리칩니다.

＊서북산: 창원시 마산합포구 진북면 소재, 6·25격전지며 산 정상
 (738.5미터)에 전적비가 있음.

거제 사람아

거제 사람아
거제가 좋아
거제에 사는 사람아

꿈의 산실인 푸른 해원에 안기어
파도의 울음소리에 깨어나
누천년을 살고 지고,
뼛속 깊이 파고드는 풍파의 유혹에도
아랑곳 않던 우리네 기질 아니던가

섬이 그리워 되돌아온 파도에
떠난 임들의 비창이 무등을 타고 오면
자맥질하는 물새들이 둥지를 틀고
뉘에게는 낭만스러울지 모르지만
물질하는 어부의 생사를 거는 터전이란다.

푸름이 넘치는 정든 포구마다
주막 아낙의 풋풋한 인심이 잔에 찰랑이고
배를 가리잖고 넘나드는 항구의 뱃머리엔
만선의 깃발 높이 올려 희망가를 부르리

거제가 있어
영원토록 품어 살아야 할
거제 사람이여
거제에 사는 사람이여!

고성 아지매

괭이갈매기 마중 받아
창포 가는 길 들어서면
누군가 기다려주는 꿈의 둥지가 있다

"어서 오이소오"
고성 아지매 반겨주는 한마디에
모락모락 피어나는 인정스런 모정

삶의 곡절을 빚어낸 듯
붉게 피어난 아구찜으로
거나하게 수작하다 보면
그대와 나의 묵은 근심도 털리어 간다네

오고 가는 임이여
맵고도 매운 인생살이 찜 맛에 비하랴만
함박웃음 짓고 가는 날
다시 오고파 그리워지는 고성 아지매 집.

각자刻字는 색즉시공色卽是空이다

맨살같이 다듬어진 것에 터무니를 관조한다
목문木紋에 넋을 잃고 하염없이 헤매다가
실핏줄이 난 아주 작은 숨구멍을 통해 귀를 기울인다
수혈이 통한 길은 연륜으로 남아서
바람길 따라 흘러든 옹이는
칠흑 속의 금빛 별로 이정표가 되었을 것이다
전생의 육신을 어느 미래에까지 존속할 숨결인 양
생명을 느끼는 아름다움의 끝판을 만나 한량없는 기쁨이다
날마다 무뎌지는 날을 세우고 또 세우며
이것만이 살아 있음을 증명할 묵시默示라 여겨
녹슬 겨를이 없는 심신에 절로 경배한다
음양각의 글을 일러 색이라 하니
공은 비움이 아니라 하나의 높낮이인 것을 알아갈 때
일체가 된 시공을 시비 없이 넘나든다
벼락 맞은 흑백의 새김글들이 잔물결 무늬처럼
일시에 파도의 뼈로 일어서는 날
색色과 공空의 영원 속에 묻어두련다.

진중의 유언

핏발 선 장검에
쓸어내린 굳은 맹세는
해와 달이 옹호하는 죽음의 격랑을 뚫고
산해山海를 수호할 수 있었으리라

공公이시여1
흰 머리칼 생겨
어미 눈에 띄는 것이
어찌 불효라 가슴 죄이었느뇨
세월이 가면 탓하지 않아도 그리되는 것을

물불 가리지 않던 사지의 노량해전에서
충효로 사무친 마지막 한마디
"싸움이 급하니 내가 죽었다는 말을 하지 마라"
금강의 정신은 청사에 길이 남아
묻히지 않는 이름 된 것을
임진 일기는 먹빛으로 증언한다

애성이 가라앉히려

호국에 목숨 건 그날을 못 잊어

잔월도 갸웃이 비추는데

좌수영 수군들의 원한 맺힌 혼백은

여태껏 그 자리에서

피의 포말로 관음포를 맴돈다.

서각 작품 앞에서

자연의 본색이
이리도 조작된다는 것을 알고
사라진 시간의 멈춤으로 돌아와
명상으로 이끄는
예전의 각법刻法을 유영한다

목신木身이 뱉어낸
침묵의 언어를 들으려 하면
마침내 보이리라 항변하는 것처럼
아로새긴 자형의 몰골은
한시름 앗아간 수행자로 마주한다

어둠에 쌓였던
일획의 골자骨字가
폐부에 박혀 빛나기를 유원悠遠하는
극진한 마음의 표상이여

맘의 칼끝이 자꾸만 무뎌지니
다시 벼려야 할 다짐이
언제까지가 될지 기약할 수 없겠지만
은밀히 목리木理의 숨결을 탐닉한다.

처서 무렵

어김없이 찾아와
염천炎天을 찢을 듯 퍼붓다가
초연히 떠나갈 채비 무렵

섬돌 아래선
적막을 깬 새벽의 전령이
가을이 올 기미를 알리지만

계절의 선상에서
엉거주춤 만나 인사치레도 없이
인계인수만 요란하다

그런대로 시절 따라
대지에 소름 돋는 날이 오리라
나는 믿고 증언한다.

진주에 가면

한양을 올라가랴
진주로 내려오랴
천리 길이 무색한 시절 잊고
예술을 꽃피운 명품 도시 되었다네

의암에서 금환을 깍지 낀 채 산화散華한
영혼을 밝히는 불멸의 의기 논개
남강도 그날 잊지 못해 뒤척이는 그 언덕에
절의의 넋은 죽림을 이루었네

애재라!
그대의 애인이 못될망정
내 가슴에 내리는 봄비 피눈물 되어
임 그리는 시를 읊어 내리고
꽃다운 향기 면면히 전해와
임진년 그날의 숨결을 울면서 더듬는다.

쌍무지개 뜨는 집

환희에 찬
아내의 목소리
여보 쌍무지개 떴다니까

그 설렘에 노루귀 되어 바라보니
내 집 마당에 뿌리 내려
실개천에서 베틀산을 에워싼 상스러움은
단번에 혼을 앗아 극락의 문에 가두었다

황홀함의 극치에
예사로운 일이 아니라고 탄성하며
미지의 날에 축복이 오리라는 징조로
위안을 삼는 천진함은 가이없어라

나를 잃어버린 시간도 잠시
천지간에 겹친 듯 거리를 두고
칠보단장한 홍예문을 건너가는
신선은 찰나를 춘몽에 두었으니

환희에 찬
아내의 목소리
여보 쌍무지게 떴다니까
그 음성
안 들은 것만 못하다.

개 떡

당갈딩기*로 만든
개떡도 떡은 떡이요
개떡도 배고프면 찰떡 맛이다

개떡같이 말해도
찰떡같이 알아듣던 시절이
찰떡같이 말해도
개떡같이 들리는 세상이 되었네요

입의 변명은 닫고
눈빛으로 말하는 언어는
찰떡같이 알아차리니 의심의 여지없다

개떡같이 말해도
찰떡같이 알아듣던 시절 그립고도 그리워
개떡도 아까운 인간들의 묘비명이 있는지는 모르지만
부끄러운 하늘 아래 숨죽이고 산다

개떡 맛과
찰떡 맛의 분별 앞에
새 물꼬를 터야 하는 고귀한 갈망은
고물처럼 달콤한 인간의 본성을 닮았다.

＊당갈딩기: 부드러운 보리등겨의 경남 함안지역의 방언.

마산의 달

달동네가 많은 월하月下의
마산,
합포만에 달이 뜨면
어둠을 갈아입고
물결의 이랑에 별꽃이 핀다

달타령에 흥겨워
동네 이름 부르노니,
신월산 자락에서 초승에 뜨는 달은 신월新月이요
두척산 모롱이 돌아 뜨는 달은 두월斗月이라네
쥘부채같이 반쯤 얼굴 내밀며 뜨는 달은 반월半月이요
소유처所遊處의 구경거리로 뜨는 달은 완월玩月이라네
옛 월포 해수욕장 터 고향 그리워 뜨는 달은 월포月浦요
월포의 남쪽 잠든 포구에 뜨는 달은 월남月南이라네
큰골마을에 달 그리메로 뜬다 하여 월영月影이라 지었다네

마산에 뜨는 달은 달라도 달라선지
달무리 진 빛살 따라
월영대에 오른 고운孤雲이
운집한 묵객들과 음풍농월할 적
무학산 치맛자락에 깃들어
달 보고 기복하던 마산 토박이여

합포만에서 뜬 달이 무학산으로
뉘엿뉘엿 배웅 길에 들지만
내일도 웃으며 맞을 변함없는 그 얼굴은
마산 사람 같은 마산의 달 아잉기요.

《징검다리가 되어》
—시집 발간 소회 所懷

김병수

  맘이 이렇게 착잡해진 적이 없습니다. 창작의 산실이 책으로 쌓인 창고가 된 듯하여 옆지기에게 미안하고, 자녀들이 방에 들어오면 오래된 책의 곰팡이 냄새로 호흡기가 나빠진다는 둥 불평 아닌 걱정을 하곤 합니다. 방바닥에 앉다가 조금 편하려 의자에 앉아 컴퓨터와 마주하니 종아리와 발등이 왜 부어오르는지 예삿일이 아닌 것 같습니다. 앞일을 알 수 없지만, 다섯 번째 시집은 여유가 되면 선집으로 내어볼 생각도 해봅니다.

  또 하나의 이력에 밑줄 치는 기분으로, 네 번째 시집을 엮으면서, 나의 시작품이 어느 방향에서 어떻게 흘러와 어디쯤에 머물고 있나, 일천한 시업으로 소회를 밝히려니 송

구함을 느낍니다.

  그도 그럴 것이 인생 나이 칠십 고개 넘으면 "종심소욕불유구從心所欲不踰矩-마음이 하고자 하는 대로 하여도 법도를 넘어서거나 어긋남이 없다."라는 논어 위정 편에 나오는 이 말을 인용해도 될는지 두렵기도 합니다만, 오직 제 글에 대한 소신과 본성이 그대로 녹아 있으니 문학하시는 선배 동료 제현께서 혜량하여 주시리라 믿습니다.

  외람된 말일지 모르겠지만, 오늘날 비평의 기능이 어떻게 치부되고 있는가. 한 작가의 작품에 대한 진단과 방향 제시, 심층적인 냉철한 비판과 분석이 따르면 다행이겠지만, 한 작가의 시詩의 집 치장에 불과하여 독자를 현혹시키는 것은 비평가의 양심을 저버린 결과로 보이기에 참으로 안타까운 현실이라 보아집니다. 이리하여 금회 시집 발간에도 평설은 두지 않았으며, 글을 쓰지 않는 독자들의 비평을 받으면서 만족하려 합니다.

  저만의 시를 씀에 있어서 수없는 퇴고를 거듭하며 하나의 결정판을 낸다는 것은 누구나 각고의 노력 없이는 불가능하다는 것을 알기에 무괴아심無愧我心의 심징으로 임하였다는 솔직한 심정을 토로합니다.

  본 시집에 수록된 시는 총 108편으로, 그중 자칭 제 시의 중심사상이 되는 몇 편을 가려 해설을 해보려 하였으나, 어찌 보면 이것도 사족에 불과한 것이라 여겨져서 평소 시를 쓰면서 느끼고 생각한 바를 내 시를 접하는 분들에게 다소나마 '아하 그렇구나' 하는 호흡을 함께 느끼고자 넋두리 같은 얘기를 조금 풀어 나갈까 합니다.

먼저 시의 잘되고 못되고를 가리지 않는 불계공졸不計工拙의 의미를 생각하며, 그러면 좋은 시란 어떤 것인가 반문하게 됩니다. 답은 간단하지 않겠지만 닫힌 마음을 열어주는 시, 그게 서정시의 본질이라고 봅니다.

저의 글지이 인생의 기나긴 여정은 이때부터 본격적으로 시작되었습니다. 제가 시로 등단한 때가 "1992년 5·6월호《문학세계》"이며, 그때 심사하신 분이 일묵 림영창, 소정 홍진기 선생님이셨는데, 심사평이 "시가 그 소재나 형식은 달라도 이미저리와 표현의 테크닉 또는 시어의 메타포어가 모두 하나의 카테고리에 들 수 있지 않는가 기우할 수 있는 면도 있다"라고 하였는데 시를 써 오면서 이러한 것을 얼마나 극복하여 오늘에 이르러 달라졌는지를 생각해봅니다. 미처 깨닫지 못한 작품 활동에서 고착된 관습이나 고정관념에서 탈피하지 못한 것이 아직도 남아 괴롭히고 있는 것은 아닌지 점검하는 계기가 될 것입니다.

관념보다는 이미지를 형상화하고, 상징성보다는 알레고리 즉 은유적으로 표현하는 것이야말로 언어를 정복한 시다운 시가 탄생되는 것이라 봅니다. 풍자를 비롯해 등 굽은 허리를 활대에 비유하기도 하고 빗소리를 무현금에 비유하기도 한 제 시들이 있습니다.

그리고 가끔은 방언을 쓴 경우가 더러 나오기도 합니다. 방언은 사투리와는 어휘 면에서 다르다고 봐야겠지요. 일반적으로 공통어의 하위 개념인 방언은 어떤 지방이나 지역에서 쓰이는 언어 체계 전반을 가리키며, 사투리는 어느 지역에서만 쓰이는 말로 방언方言, 와어訛語, 와언訛言, 토어土語를 두루 칭하는 의미로 정의할 수 있겠습니다. 시어詩語를 차용함에 있어서 표준어는 사실상 창조적인 언어는 아니기에 표준어를 사용할 때보다 지역적인 방언이나 사투리를 쓸 경우에 독특한 문장이 되고 훨씬 정감이 흐르는 것을 느낄 수 있습니다. 졸시 〈마산의 달〉 맨 끝 행에 "마산사람 같은 마산의 달 아잉기요", 이 "아잉기요"만이 시의 맛을 살리기에 안성맞춤인 방언으로서, 반의문과 반 긍정 사이에서 묘한 감정을 불러일으키는 언어라 생각해봅니다.

꽃에 대한 시도 몇 편 언급이 되는데, 대체로 서정을 바탕으로 한 시들이어서 행이나 연 사이에 생각의 여지를 주는 여백이 존재하여 상상의 의미를 부여합니다. 꽃이 벙글고 지는 모습에서 무한한 인간의 살이와 사연을 동반한 비밀의 창이 존재한다고 보는 것입니다. 저는 늘 꽃이 지지 않는 집이라고 부르는 곳에서, 눈뜨면 항상 꽃을 마주합니다. 꽃이 종류에 따리 모양과 색깔, 향기가 다르듯이 시인의 눈에 비친 꽃의 의인화로 보이지 않는 꽃의 기운에서 인간의 삶에 대한 영감을 얻어 작가의 내면심리가 압축의 미로 치닫는 이유일거라고 보면 좋겠습니다.

또한 문학을 하는 사람들은 자기의 성장환경과 시공의 생활환경을 몸에 얹고 살아왔기에 작품의 배경 이면에 독자들은 알 수 없는 작가만의 삶이 은연중에 배어 있다는 것을 본인 즉, 작가는 알고 있다는 것입니다. 저도 주변 환경의 자연물인 산과 들이나 섬 등을 모티브로 삼아 시를 지어 발표도 합니다.

지난날엔 자연과 동화된 삶을 영위해 왔지만, 오늘날의 문화와 문명이 공존하는 다변화된 정보화 시대에, 질 떨어진 문학작품으로 사회에 끼치는 영향을 우려하지 아니할 수 없어 시라는 작품성과 시인들의 소명의식을 일깨워 나가야 하겠습니다.

요즘 시인들이 쓰는 시의 유형을 보면, 자유시나 정형시는 다소나마 읽히기는 하지만 수준 이하의 횡설수설을 늘어놓아 거부감을 주고 있다는 것입니다. 시를 쓰는 호흡이 길고 짧음에 의미를 두는 것이 아니고, 시의 유형을 아주 이탈한 것들을 종종 볼 수 있는데 다시 말하면 산문의 형식을 취하여 수필인지, 소설의 지문인지, 무슨 얘길 하려는 건지 독해가 쉽지 않고 장황히 써 놓으면 시가 되는 것일까요. 하기야 산문이 무엇인지 사람의 견해는 다를 수도 있겠지만 문맥의 압축과 펼침에서 모더니티를 품고 안 품고는 독자의 몫이라 봅니다. 시라는 매체의 함축성과 카테고리를 상실하고 있는 현실에서 시인들의 각성이 절실하며 그렇지 않을 경우 독자들은 외면하기 일쑤라 보아짐이 지나친 기우일까요.

  이번 시집은 4부로 분류하였는데 사실 구분에는 별 의미 없어 편의상 보기로 가름해 놓았을 뿐입니다.
  제4집에 실릴 시를 정리하다 보니 나이에 비례해서인지는 모르겠지만 나도 모르게 인생의 후반으로 저물어가는 단어들과 문장들이 많은 비중을 차지하고 있는 것을 알게 되었습니다. 특히 계절의 변화, 자연물에 대한 형상화, 유년 시절의 회상이라든지, 평생 옆지기와 함께한 삶의 이야기, 고난을 극복해온 삶의 시, 드러내고자 하는 인생사가 아닌 내면에 들여 놓고 방하착放下着을 추구하고자 한 내용들로 차 있다는 것을 알았습니다. 이런 시들의 내용 중에 한 줄 한 문장이라도 배사간금排沙簡金으로 여겨 주신다면 감동의 위안으로 삼겠습니다.
  시는 어디까지나 정서를 감동적이게 하여 새롭게 분출시키는 힘이 있어야 할 것이며 그 실체는 리듬이요 이미지인 것으로 인식합니다.

졸시에 감각적, 시각적, 청각적인 이미지가 더러 나타나는데 복작거리며 팥죽 끓는 소리를 청각적 이미지로 '복작福作-복 짓는 소리'로 나타낸 것이라든지 다른 시편에서도 혼합된 이미지들로 표현한 것이 있다 하겠습니다.
　이러한 이미지의 중요성을 E. L. 파운드는 "수많은 작품을 쓰는 것보다 일생 동안에 단 하나의 이미지를 표현하는 것이 낫다" 하였고, 루이스는 시의 이미지에 대하여 "그것은 말로 만들어진 그림이다." 하고 정의였으니 심상을 울려주는 이미지야말로 현대시의 생명이라 아니할 수 없습니다.

　타고르의 문학사상을 인용하면 "어떤 시인도 이름 있는 가게에서 기성품의 말을 빌려와서는 안 된다. 시인은 자기 스스로의 씨만이 아니라 땅도 마련해야 한다." 하였으니 시인만이 할 수 있는 경작을 통해 시혼詩魂과 맥을 같이해야 할 것입니다. 이러하듯 산촌에 와서 은둔 생활을 하고 있는 실정이니 자연과 동화되어 창작에 열정을 쏟아 맘을 다잡아야 하는데, 무위자연이 되니 도는커녕 맘이 편안해져 나태해지는 버릇이 생김을 솔직히 고백합니다.

　대금이 되려면 대통을 비워내야 하는데 두서없이 적어대다 보니 하지 말아야 할 괜한 소리로 여백을 채운 건 아닌지 모르겠습니다.

일모도원日暮途遠의 길에서 진정 향기 품은 한 송이의 시를 피우고자 시의 밭을 일구어 나가는 것이 소명이라면 받들겠습니다.

경남대표시인선 · 58

징검다리가 되어
김병수 시집

펴낸날   2024년 11월 14일

지은이   김병수
펴낸이   오하룡
펴낸곳   도서출판 경남

주소   창원시 마산합포구 몽고정길 2-1
연락처   (055)245-8818, fax.(055)223-4343
블로그   gnbook.tistory.com
이메일   gnbook@empas.com
등록   제1985-100001호(1985. 5. 6.)
편집팀   오태민 | 심경애 | 구도희

ISBN   979-11-6746-161-2-03810

ⓒ김병수

*이 책은 경남문화예술진흥원의 문화예술지원을 보조받아 발간되었습니다.
*잘못된 책은 바꿔 드립니다.
*저자와 협의 인지 생략합니다.

〔값 12,000원〕